S SPORTS-SON CHAMP DE CO

les AMIS de LILLE

BULLETIN BI-MENSUEL

ORGANE OFFICIEL DU "ESSI" (Syndicat d'Initiatives)

Téléphone 24.81	**Rédaction et Administration :** BUREAU TOURISTIQUE Hall d'arrivée des Voyageurs — Gare de Lille	Ch.-Postal Lille 47.81

Notre nouvelle affiche

de Lille

Œuvre du Peintre

A. Dequene

Notre nouvelle affiche

de Lille

Œuvre du Peintre

A. Dequene

Notre Nouvelle Affiche de Lille

Dans notre bulletin de ce jour les lecteurs trouveront une reproduction de l'affiche de Lille qui vient d'être éditée. Depuis plusieurs années notre Syndicat d'Initiative avait projeté de doter la Ville de Lille d'une affiche originale qui puisse rivaliser avec celles placardées dans toutes les gares du Réseau du Nord et qui nous invitent à visiter les villes antiques de notre région, voir aussi nos provinces si riches en beautés artistiques, les contrées plus ensoleillées du Midi ou encore les montagnes boisées des Vosges, les calmes et riantes vallées de la Normandie.

Le projet paraissait téméraire, car nous étions d'accord au Conseil d'Administration des « Amis de Lille » qu'il fallait conserver à cette affiche un caractère franchement local et la Grand'Place *centre des affaires* devait fournir le sujet à interpréter. La Grand'Place ! avec la *Déesse* chère aux cœurs des vieux Lillois. La Bourse avec ses façades et son campanile si caractéristiques du style régionaliste et à l'arrière-plan ce Beffroi de la Nouvelle Bourse que le maître Cordonnier a silhouetté si justement sur notre ciel des Flandres. Un artiste *de chez nous* était seul capable de réaliser ce projet et nous applaudissons sans réserves au choix qui fut fait du jeune maître Albert Dequène. Dans son *interprétation* de la Grand'Place de Lille, vivante et colorée, il a su se montrer à la fois traditionaliste et novateur et à la sûreté du dessin joindre la magie et la poésie de la couleur, c'est une très belle œuvre dont il faut le féliciter bien sincèrement. Cette œuvre a été très *justement* éditée avec le concours de l'Imprimerie Martin-Mamy, Crouan et Roques, après mise en concurrence avec les maisons les plus qualifiées de la ville. Enfin nous devons ajouter que la réalisation de notre projet ne fut possible qu'avec le concours d'une subvention très large de la Ville de Lille et d'autre part de la compagnie du Chemin de fer du Nord. Nous devons des remerciements tout particuliers à l'Administration Municipale qui a su comprendre l'intérêt qui s'attache à la diffusion d'une affiche rappelant :

Aux industriels et commerçants : l'importance de ce centre d'affaires, siège annuel d'une grande Foire Commerciale ;

Aux artistes et amateurs éclairés : le premier musée de Province ;

Aux touristes : ses monuments, son passé riche de gloire, ses facultés pittoresques, ses kermesses fameuses, sa *Braderie* que vainement d'autres villes du Nord ont voulu imiter, sans pouvoir jamais égaler la franche liesse et la truculence du verbe des *vrais Lillois de Saint-Sauveur*.

Nous remercions nos grands confrères *L'Écho du Nord*, *La Dépêche*, le *Grand Hebdomadaire Illustré* et le *Réveil du Nord* qui ont bien voulu reproduire notre nouvelle affiche et en faire l'éloge.

De plus il nous a été sensible de voir que *L'Écho du Nord* et le *Réveil du Nord* l'avaient apposé chacun dans leur hall respectif.

REMERCIEMENTS

Foire Commerciale
et Internationale de Lille

M. Louis DELEPOULLE,
Président du Essi « Les Amis de Lille ».

Mon cher Président,

J'ai reçu avec plaisir votre nouvelle affiche, et vous en remercie.

Celle-ci est d'un effet artistique vraiment remarquable, et je vous en félicite bien sincèrement, non seulement pour le choix de l'artiste, mais encore pour celui du texte, qui synthétise si bien, et en si peu de mots, toute notre bonne ville de Lille.

Il m'est infiniment agréable de voir que vous avez bien voulu associer, dans le même ordre d'idées, notre belle manifestation, geste qui traduit une fois de plus les généreux sentiments qui animent la grande Association qu'est le Syndicat d'Initiative « Les Amis de Lille ».

Soyez persuadé que je ferai de celles-ci l'emploi le plus judicieux et, entretemps,

Je vous prie d'agréer, mon cher Président, l'expression de mes sentiments les plus distingués.

Le Commissaire général,
E. BOUCHERY.

DERNIÈRE HEURE

Notre journal doit-il être un sempiternel bénisseur ?

Oui, pense l'Opéra de Lille qui lance ses foudres sur notre service théâtral !

Non, répond la Presse qui écrit en toute « liberté » et n'en abuse pas, tant s'en faut. (Lire les Chroniques d'Art des dernières années). Correspondance suivra.

Concours des « Amis de Lille »

SECTION ARCHITECTURE ET DÉCORATION

RÈGLEMENT

Article Premier. — Les candidats doivent, sans distinction [...] avoir fait leurs études artistiques en tout ou [...] à Lille. Ils peuvent être soit architecte, peintre, gra[veur], sculpteur, décorateur, etc.

Article 2. — La limite d'âge est fixée à 27 ans.

Article 3. — Les inscriptions facultatives sont reçues dès [maintenant] au Bureau Touristique des « Amis de Lille », Hall d'arrivée des voyageurs, Gare de Lille. Aucun titre n'est exigé à [...]. Les inscriptions peuvent être faites par la poste.

Article 4. — Pour les inscrits ou non inscrits, les envois de [...] demandées devront être déposés avant le 15 février, Hôtel des Architectes, 5, rue Basse, à Lille. Ces envois [doivent] être, dans chaque catégorie, de la dimension de deux planches demi grand aigle ou une planche grand aigle, non [collées] pour être suspendus pour exposition. Ils seront signés [au moyen] d'une devise, laquelle se répétera sur une enveloppe [fermée] contenant nom et adresse du concurrent, et déposée [avec] l'envoi.

Article 5. — Une exposition publique des concours aura lieu [dans] le même local pendant 8 jours, du 17 au 28 février inclus. [Le] jugement aura lieu le 16 février.

Article 6. — Par ce fait même qu'un candidat participe au [con]cours il accepte d'avance le verdict sans appel du jury.

Article 7. — Celui-ci sera désigné par le Conseil d'Administration du Syndicat d'Initiative les « Amis de Lille ». En fait [font] partie de droit du Président du Syndicat des « Amis de Lille » ou [son] suppléant et les compétences désignées par le Conseil d'Administration des « Amis de Lille ». Ce jury désignera en séance [son] Président et son Secrétaire.

Article 8. — Les enveloppes des envois ne seront ouvertes [qu']après jugement.

Article 9. — La propriété artistique de tous les envois restera [ré]servée aux auteurs, mais le Syndicat des « Amis de Lille » se [ré]serve le droit de photographier et de reproduire ces envois [dans] leur bulletin.

CATÉGORIE A

Relevés de croquis ou dessins d'architecture Lilloise : Prix 500 fr.

Les concurrents doivent présenter des croquis ou dessins, relevés de façades ou de motifs de sculpture de vieille architecture lilloise.

Ils s'inspireront du désir du Syndicat d'Initiative des « Amis [...] de conserver pour l'avenir des souvenirs de [vieux coins] lillois qui tend à disparaître.

Toute initiative est laissée aux concurrents quant au [...] au nombre des motifs à reproduire.

CATÉGORIE B

Projet d'aménagement éventuel du soubassement de la [façade] et de l'escalier du « Grand Garde », Grand'Place à Lille

Les « Amis de Lille » soucieux d'envisager dans un avenir plus ou moins lointain, une entente possible entre les autorités compétentes pour l'aménagement d'une salle de fêtes dans [l'im]meuble dit « le Grand Garde » et d'un escalier monumental donnant accès, proposent à nos jeunes artistes lillois d'étudier la transformation du soubassement, la modification éventuelle de l'escalier d'accès au 1er étage, son ornementation avec l'[ad]jonction de lampadaires décoratifs destinés à l'éclairage du monument et de ses abords.

La plus grande liberté étant laissée aux concurrents pour la conception de leur projet, il leur est indiqué cependant qu'ils doivent nécessairement prévoir :

1° Le maintien d'un ou plusieurs accès au marché Saint-Nicolas, avec suppression cependant de tout éventaire de marchands sur toute la largeur du trottoir.

2° La suppression de l'urinoir installé actuellement sous l'escalier.

La largeur du trottoir actuellement réservée à la circulation devra être maintenue.

Les projets seront à l'échelle de 2 centimètres par mètre, comprendront plans, élévations, coupe de la partie monumentale modifiée.

Indiquer dans un ensemble à 1 centimètre par mètre l'aspect général du monument après sa transformation, joindre quelques détails à 5 ou 10 ᶜᵐ par mètre.

L'envoi ne pouvant dépasser deux planches demi grand aigle ou une planche grand aigle.

Les concurrents tiendront compte qu'il s'agit surtout d'un concours d'idées et qu'il n'y a pas lieu d'indiquer scrupuleusement les détails de constructions.

    1er Prix   800 fr.
    2e Prix   200 fr.

Suivant la valeur des projets exposés ces prix pourront être augmentés sur la proposition du jury, et après examen de cette requête par le bureau des « Amis de Lille », de même si les projets étaient nettement insuffisants la valeur des prix pourrait être diminuée.

SECTION PEINTURE, AQUARELLES, DESSINS

RÈGLEMENT

Article Premier. — Le « [Essi] » Syndicat d'Initiative les « Amis de Lille » a institué un prix annuel de paysage historique d'une valeur de **mille francs**. Ce prix ne pourra, en aucun cas, être divisé.

Article 2. — Sont admis à concourir les élèves et anciens élèves des ateliers de Peinture et de Dessins de la région de Lille ayant au moins une pleine année scolaire d'études dans les dits ateliers.

Les candidats ne peuvent être âgés de plus de 30 ans au 1er janvier de l'année en cours.

Article 3. — Le tableau du concours devra avoir la dimension de la toile N° 20 et représentera une vue du Vieux Lille qui tend à disparaître, ou des fortifications.

Article 4. — Tout candidat s'oblige à accorder au Syndicat d'Initiative « Les Amis de Lille », la prise de photographies des œuvres exposées de façon à permettre la construction d'un album historique et archéologique de la ville.

Article 5. — Le jugement sera rendu, après exposition publique par un jury composé de droit du Président des « Amis de Lille », d'artistes faisant partie du syndicat d'initiative, éventuellement de compétences qu'il croirait devoir s'adjoindre, ce [...] seront exclus du jury les professeurs ayant des [...]

L'auteur du tableau primé fera don obligatoirement d'un dessin de son tableau aux « Amis de Lille ».

Article 6. — Les toiles devront porter **au dos** une devise, laquelle sera répétée sur une enveloppe cachetée, contenant le nom et l'adresse du concurrent, et déposée avec l'envoi.

Ces devises ne seront pas connues du Jury avant que le jugement soit rendu.

Article 7. — Pour le jugement les toiles seront numérotées.

Dans le cas où un concurrent présenterait plusieurs œuvres celles-ci seraient numérotées avec le même chiffre, c'est-à-dire 6, 6 bis, 6 ter.

Dans ce cas, le jury déciderait sur quelle toile de ce concurrent doit se porter le jugement définitif.

Ceci afin d'éviter que le candidat ayant plusieurs tableaux soit infériorisé par la dispersion des suffrages sur ses différentes œuvres.

Article 8. — Si la qualité de l'ensemble du concours était jugée insuffisante par la majorité des membres du jury et si le nombre des candidats était inférieur à six, le prix pourrait ne pas être attribué.

Les inscriptions facultatives seront reçues au Bureau Touristique des « Amis de Lille », Hall d'arrivée de la Gare de Lille. Les toiles ou dessins devront être remis avant le **15 février 1931**, Hôtel des Architectes, 5, rue Basse [...]

NOS INITIATIVES

Le Grand Prix des "Amis de Lille"
(Médaille d'Or du Conservatoire) — Section MUSIQUE et DÉCLAMATION

C'est Mademoiselle Mireille Castiaux qui, cette année, a obtenu notre Grand Prix Médaille d'Or du Conservatoire. Il faut que cette jeune fille aille au Conservatoire de Paris chercher la consécration. Un Premier Prix du Conservatoire de Lille c'est très bien, mais c'est insuffisant. Quand on rencontré un sujet, et c'est très rare, on a le devoir de lui donner un bagage complet. Les célébrités musicales qui constituent le corps professionnel du Conservatoire National sont seules qualifiées pour accomplir cette œuvre de perfection.

M. Roger Salengro, Conseiller Général, Député-Maire de Lille — nous l'en remercions et l'en félicitons respectueusement — a établi pour les étudiants en lettres, en sciences, en art, des prêts d'honneur qu'il distribue sans compter. M. Doutrelon de Try, le mécène lillois a fait une fondation très importante constituant la Bourse d'Etudes au Conservatoire de Paris. Ce dernier établissement lui-même aide matériellement ses élèves méritants.

Il n'y a donc aucune raison pour que Mlle Castiaux qui a un « tempérament » ne prenne pas le chemin de la Capitale pour tenter de devenir une « étoile ». Elle n'a plus rien à apprendre à Lille. Elle y perd son temps.

M. Verline, violoniste, a très bien joué son programme et obtient avec M. Lahousse, l'excellent déclamateur, le Prix des « Amis de Lille ».

Le concours de cette année a été suivi par un public très dense s'intéressant à notre épreuve annuelle qui est à Lille, selon l'expression d'un de nos quotidiens, « la sélection des sélections ».

Les candidats y ont le maximum de garantie. D'abord les jurés convoqués en fin de semaine sont « priés de conserver à ce sujet la plus grande discrétion ». On ne les connaît qu'à l'heure de l'entrée en loge, ce qui évite les sollicitations indélicates.

Ensuite les noms des concurrents ne sont connus ni du public ni du jury. Ils sont désignés par des lettres et les intéressés ne sont réunis qu'une demi-heure avant les épreuves afin que leur présence au concours soit méconnue.

Leur ordre d'entrée en scène est tiré au sort ; l'ordre d'exécution de leurs morceaux, également.

Les noms sont soigneusement placés dans des plis cachetés portant les lettres correspondantes.

Enfin, M. le Président des « Amis de Lille » en personne demande au jury d'observer la discipline intérieure suivante :

1) Le Vote se fait au bulletin secret sans discussion ;

2) Le Prix est décerné à la lettre qui obtient la moitié des voix plus une ;

3) Le pli cacheté contenant le nom du lauréat est ouvert en public. Les autres plis ont été brûlés séance tenante, sans avoir été décachetés.

On pouvait, cette année, donner quatre prix dont la « Médaille d'Or » de la valeur de mille francs :

Instruments à cordes ;

Instruments à clavier ;

Déclamation ;

Chant.

Les examinateurs avaient été sollicités en conséquence. Autour de M. Ratez, Président-Directeur, lauréat de l'Institut qui — il ne faut pas l'oublier — débuta dans la carrière musicale par un 1er prix de violon au Conservatoire de Besançon, se groupaient trois Prix d'Honneur de Lille : Mmes Chapelier et Delière, lauréates des Instruments à clavier et à cordes ; Mlle Alice Lobry, devenue depuis licenciée de l'Ecole Normale de Paris ; un Premier Prix de Déclamation de notre Conservatoire : Mme Dubus ; un Directeur de Chant, M. Paul Fanyau, de l'Emulation Chorale ; deux professeurs de l'Université : M. Paul Couvreur, licencié ès-lettres ; M. Bédart, agrégé, Membre de la Commission de Patronage du Conservatoire.

M. Carpentier de l'Opéra s'était fait excuser à la dernière minute, ayant été mis in-extrémis au tableau de service du Grand Théâtre, — où il est le Premier Chef d'Orchestre si apprécié — pour conduire en matinée « La Navarraise », « Paillasse » et « La Nouvelle suite de Danses ».

Les résultats de nos Grands Prix « Médaille d'Or » se passent d'ailleurs de commentaires :

1926. — Mlle Verdier est devenue professeur supérieur au Conservatoire.

1927. — M. Blareau remporta le Premier Prix d'Instrument et la Première Médaille de Solfège, Premier nommé au Conservatoire de Paris, Soliste des Concerts Colonne, il s'est produit avec orchestre, tant en France, qu'à l'Etranger et demain mardi encore nos concitoyens qui ne pourront pas aller l'entendre à l'Association des Professeurs du Conservatoire de Roubaix, l'apprécieront chez eux grâce à Radio P.T.T. Nord qui diffusera.

1928. — M. Delbecq vient d'obtenir le 1er Prix du Conservatoire de Bruxelles.

1929. — Mlle Delière a été reçue au même Conservatoire au concours d'octobre dernier.

Monument de la Toison d'Or, Symbole de Paix

Monsieur le Président,

Le bulletin parle de tenter la reproduction d'un tournoi
de chevalerie afin de célébrer la création de la Toison d'Or,
il y a cinq siècles, par Philippe le Bon, dans sa bonne ville
de Lille.

Vous suggérez l'idée de garder d'autant plus précieuse-
ment et fièrement le souvenir de cette création fameuse
qu'elle présente des analogies avec la tentative de paix et
d'union qui se réalise en ce moment avec de si grandes difficultés de succès.

Les hommes ne changent guère !

Tous ceux qui aiment Lille et la Flandre applaudissent à
cette pensée généreuse et élevée.

Ne croyez-vous pas que, peut-être, malgré son exiguité
un emplacement pourrait être retenu. Ce serait les entours
du Palais Rihour, vestige intéressant de cette époque.

Une stèle, une plaque ne prennent pas tant de terrain et
ce lieu prédestiné où viennent se cristalliser tant de souvenirs
locaux n'est-il pas tout indiqué.

A défaut des possibilités financières ou autres, permet-
tant de célébrer en les ressuscitant matériellement les fastes
de cette époque, ne peut-on prendre cette résolution ?

Le bâtiment est destiné à être le siège de la Société des
Sciences m'a-t-on dit. Ne pourrait-on dans la Chapelle créer
une documentation sur cette époque, sur cette création ?

On pourrait ainsi montrer de visu, que Lille, en Flandre,
a une histoire, qu'elle a été ville princière et qu'elle n'est pas
ce que pensent trop de gens un simple agglomérat d'usines,
de boutiques et de marchands.

Je me souviens avoir lu dans un de vos bulletins que
dans la petite et délicieuse Chapelle de l'ancien fort du
Réduit, une communication proposant de créer un Musée se
rapportant à l'époque de Louis XIV.

Que voilà, à mon sens, de bonnes idées ! Faire palpiter
les souvenirs d'histoire, montrer toute la place qu'a eu Lille
dans la vie du monde depuis mille ans, ce devrait être la
principale préoccupation de tous.

Si l'anniversaire de la Création de la Toison d'Or pouvait
ainsi marquer le début de l'accomplissement de ces vœux,
je ferai bon marché du cortège et du tournoi. Je trouverai
peut-être mieux employé l'argent dont on disposerait. Car, il
faut bien le dire, c'est là ce qui manque à Lille, cette volonté
de faire resplendir l'Histoire magnifique qu'elle a vécue.

Voyez le Musée des Canonniers, l'Hôtel lui-même, sa porte
originale que les livres d'architecte donnent comme un
modèle de style Empire, dans quel abandon et quel oubli
tout cela est enterré !

Dans le guide édité par les « Amis de Lille » parle-t-on de
ce Musée ? Et même peut-on le visiter ?

Y aurait-il prévue par la Ville ou demandée par M. le
Recteur, une plaque rappelant que Charles X partant en exil
a passé une nuit dans l'hôtel, heureusement conservé où on
installe le Rectorat.

J'ai entendu votre Maire parler dans certains cas avec
âme et foi de notre Flandre, de notre Lille, pour prendre les
pronoms possessifs qu'il employait avec intention. Il lui
appartiendrait, représentant d'un parti qu'on dit destructeur
et brutal, de montrer, en entrant dans une telle voie, qu'il
n'en est rien. Ce parti, toute politique mise à part, est jeune,
audacieux novateur, tourné vers l'avenir et le voyant grand,
Hôtel de Ville, Écoles, Institutions diverses hospitalières ou
autres, sont envisagées ou traitées avec ampleur.

Mais nous pensons et nous croyons ne pas nous tromper
en disant que ceux-là qui possèdent et témoignent de telles
idées de grandeur et de réalisations remarquables, ne peuvent rester étrangers au culte du passé.

Et les faits historiques que je cite, les grands hommes
qui ont marqué de leurs griffes puissantes la ville de Lille,
les grands faits de son histoire douloureuse, qu'ils soient
heureux ou tragiques, qu'ils soient jetés dans l'oubli et
dans le néant profond d'un passé qu'on dédaigne.

Le brillant Philippe le Bon, sa création internationale
majestueuse, son affection pour Lille, tout cela, comme la
Vieille Bourse, comme le vestige de son Palais, constituent
un acquit, un héritage, un bien précieux que nous ont légués
l'Histoire et nos ancêtres.

La Porte de Paris, la Citadelle, le presque défunt Pont-
Neuf, nous rappellent un autre grand homme qui a dominé
son siècle, comme l'Hôtel des Canonniers, évoque le souvenir
d'un autre génie en même temps que celui de l'antique milice
Lilloise, des canonniers sédentaires, déjà si oubliée en ce
temps d'avions et de guerre chimique.

Sauvons de l'indifférence notre histoire locale et régio-
nale, c'est ce que nous avons reçu de plus précieux de nos
ancêtres, c'est également ce que nous laisserons à notre tour
de plus sacré à nos enfants.

J'applaudis des deux mains et suis prêt à vous soutenir
pour essayer de faire aboutir votre très heureuse idée.

UN FERVENT DU PASSÉ : G. E.

Les Armoiries de Lille

[...] verrons au débat la très intéressante étude de M. Van Driesten.

Il y a là, à notre avis, une question fort intéressante à fixer une fois pour toutes et une détermination officielle à prendre.

Ne paraît-il pas que les arguments donnés sont justes et que la conclusion de cette note intéressante mérite notre attention et, sauf controverse et preuve qu'elle est erronée, doit être adoptée ?

Nous n'avons pas la prétention de trancher le débat mais à notre humble avis, le Blason de l'Isle, original et unique, fut très heureusement repris à titre définitif si, encore une fois, ce que nous croyons, Mme Van Driesten a raison.

Il nous paraît, dans tous les cas, que la Municipalité doit prendre les décisions nécessaires et faire cesser l'anomalie de Blasons différents sur ses édifices, son drapeau et son papier officiel.

Nous-mêmes, alors, fixés, nous nous empresserons de faire en sorte que tous nos documents, journal compris, ne soient pas à leur tour, frappés de la même erreur lamentable, nous allions dire de la même tare.

Les descendants « des fiers Lillois dont les rois achetaient le titre de Bourgeois de Lille » pour reprendre les expressions de notre correspondante, ont été très absorbés par « les affaires ». C'est une de leur gloire transmise et maintenue à travers les âges, mais ils ont eu le tort de ne pas assez se préoccuper de leurs biens historiques.

Que le Blason, le vrai Blason de leurs pères, soit, à l'aide de l'étude nécessaire, déterminé, réadmis définitivement, éternellement et jalousement maintenu par eux.

Les fantaisies de transformation de ce bien ancestral telles que celle du blason qu'avait imposé Napoléon à notre Ville, ne doivent plus être acceptées par les citoyens d'une Ville glorieuse entre toutes.

Noblesse oblige et Lille qui a si souvent bien mérité de la Patrie et de l'Histoire a le droit, comme le devoir sacré, de rester elle-même dans son Emblème.

Nous ne doutons pas que la Municipalité de Lille tiendra à faire de suite le nécessaire et, par avance, nous la remercions très vivement.

L. D...

Nous regrettons l'anonymat de notre contradicteur passionné. Les raisons d'une discussion dérivent souvent d'une personnalité : l'une s'éclaire par la découverte de l'autre.

Nous le supposons archéologue et ayant alors, logique-ment l'esprit archéologique, alors que nous sommes dans l'esprit héraldique ! Nous allons essayer de le démontrer.

Pour nous, une armoirie n'est pas une pièce archéologique que l'on trouve dans les fouilles et à laquelle il est interdit de toucher, de changer la moindre parcelle, sans tromper, sous ce rapport, le « document » trouvé dans les archives. Lille est une chose « sacro-sainte » pour nous; en nous plaçant à ce seul point de vue : trouvaille ancienne, nous voudrions donc, en aucune façon, détériorer ou transformer la pièce elle-même, pas plus que nous nous permettrions une addition ou soustraction ou modification d'une momie égyptienne ou d'un objet étrusque [i] ou glozélien [i].

Mais, une armoirie est autre chose ; c'est, comme le diront tous les traités de blason, la *représentation d'un emblème* servant à reconnaître une personnalité, pays, ville ou personne ; et comme le dit notre contradicteur, peut porter en cravate — des décorations d'ordres nationaux ou étrangers.

Une armoirie doit comporter toutes les pièces ou « meubles » qui y sont « blasonnés », c'est-à-dire décrites ; mais, comme nous le disions dans notre étude sur J. Van Driesten — est *susceptible*, comme la *musique* de subir ou d'accueillir le plus ou moins de beauté d'une *interprétation* !

Or une formule héraldique peut être *lue* et *rendue* graphiquement (dessin, peinture, sculpture) par tout héraldiste digne de ce nom, à *travers les âges* et sous *toutes les latitudes* et pourra *être exacte* malgré les différentes esthétiques !

À l'appui de notre thèse nous prendrons un exemple qui, ma foi, n'est pas des moindres !

Les lys de France..

Combien les grands artistes qui ont été appelés à les représenter, et les rois qui ont commandé et accepté ces représentations sont dignes d'essuyer l'anathème jeté par notre contradicteur « sur ceux qui ne gardent pas jalousement les traits du grand-père » !!

Les lys de France ont malgré leur grandeur, leur importance, voire leur omnipotence, subi les assauts... des différents styles : une fleur de lys sous St-Louis n'est pas semblable comme forme à celles de l'époque de Charles V, pas plus que celles-ci ne sont celles de la Renaissance, du siècle de Louis XIV ou de l'époque Louis XVIII.

Et ces variations, loin de nuire — même à l'archéologie qui est, comme l'on sait, l'étude des monuments et des choses passés — loin de nuire, disions-nous, permettent au contraire, à des yeux exercés, de reconnaître, à première vue, l'âge des monuments qui en sont ornés !!!...

Il en est de même des aigles et des lions et les « aigles maximiliennes » (style héraldique) sont reconnaissables au premier coup d'œil.

Si l'héraldique est une science, c'est aussi un *art*... et de grands artistes qui l'ont utilisée, comme Albert Dürer, Holbein et autres, en Allemagne; ceux de la Renaissance ou du xviiie siècle en France, viennent renforcer nos dires.

⁎

Van Driesten, éloigné de toute politique dans ses travaux simplement historiques, fut, pourtant, souvent taxé même par ses intimes de « monarchiste » !!... il faisait des bla-sons ! [...]

L'étude que nous venons d'en faire prouve le contraire d'ailleurs.

Ce qui nous le faisait écarter, c'est qu'elle [...]

d'Ailleurs, le temps pressant, il fut... ne serait pas sautée... addition à l'armoirie... et... son originalité, mais... fleur de lys quelconque, nous allons dire *malgré* la...

Les meubles des Armoiries furent souvent inspirés par la faune, la flore, la structure de la contrée. Nous avons l'exemple de « Merlin » qui porte 3 merles. La Hongrie a des... d'argent. Les armoiries des villes suisses donnent ensemble l'impression de pâturages; les têtes de... le cerf, etc., désignaient des pays forestiers, et... en avons justement trouvé la preuve dans l'étude que... avons été entraînée à faire en vue de la décoration de... de « La Bassée » région très boisée autrefois.

L'armoirie ancienne portait « d'azur au chevron d'argent accompagné de trois têtes de loup ». Elle fut modifiée et porte aujourd'hui : de gueules à une demi-fleur de lys défaillante dextre... (Que disions-nous de l'abondance de ces fleurs !). Encore supposé-t-on que cette transformation eut comme raison l'avènement des Bourbons — dont Henri IV, roi de France — comme Châtelain de Lille et Seigneur de La Bassée !

Pour Lille cet événement ne peut être évoqué, puisque le style « du document motivant cette discussion est beaucoup plus ancien et remonte d'après sa forme au XIe ou XIIe siècle.

A cette époque l'influence française n'était pas toujours... mettons... *cordiale*; le pays eut parfois à en souffrir quelque peu — ceci n'est pas rancune rétrospective — et le motif de « reconnaissance... diplomatique » guère compréhensible ! Dans cet ordre d'idée, un lion eut été plus logique, motivé par les bienfaits dus aux Comtes de Flandre qui donnèrent des *chartes communales*.

Il y eut bien momentanément une protection de Philippe-le-Bel sur la Châtellenie Lille, Douai, Orchies, mais relativement plus récente que le style du document.

De plus, cette légère flatterie envers les Grands eut été si peu dans les habitudes des Lillois d'autrefois dont les rois *achetaient* le titre de *bourgeois* de Lille ! !

Mais revenons à la flore, à la faune influençant souvent le choix des armoiries. On sait que Lille, d'origine très ancienne était un bourg au milieu de marécages. Qu'y avait-il de plus logique, de plus naturel, que de prendre comme emblème la « *fleur des marais* » comme le disait Van Driesten (et nous verrons plus loin qu'il avait ses raisons) puisque L'Isle n'était que marais dont les traces existent encore aujourd'hui (moins les fleurs). Qui sait même si les nombreuses modifications apportées à leur emblème, n'eussent point été évitées car nous les supposons *dues*, *justement*, à une *méprise* des gouvernants successifs d'une fleur de lys *mal dessinée*, disons, *insuffisamment dessinée* si l'on veut, et qui voulait être une fleur d'iris.

Car, supposons une attitude — mettons « diplomatique » vis-à-vis de la couronne de France on attendrait alors le *respect de la forme* cher à notre contradicteur. Nous aurions les pétales de notre semblables à la fleur de lys, époque Philippe le Bel. Il n'en est rien et aucune fleur de lys *vraie*... la fleur de lys dite braie de Florence — n'a de pétales...

Nous lisons avec plaisir cette phrase... *Driesten qui... au cortège de 1892...* *même chose*... nous voulons croire ceci, qu'à... à l'homme qui avait même dans une œuvre d'art poussé le scrupule de la probité, de la vérité à creuser à un tel degré que ses détracteurs... son en... toujours l'appelaient parfois « coupeur de cheveux en quatre » « abstracteur de quintessence » ce qui d'ailleurs l'amusait beaucoup.

« Van Driesten de par ses études et ses travaux était entouré d'archéologues, entre autres Monseigneur Dehaisnes, M. Rigaux, archiviste précédent, dont la réputation n'est plus à faire et qui l'ont tous deux, soutenu et aidé dans les fastes de 1892. Il avait certes tout étudié dans les moindres détails et lui, qui faisait supprimer le binocle du... figurant myope *parce qu'on n'en portait pas à cette époque*, n'avait rien fait à la légère. »

Nous ne nous étions, jusqu'ici, appuyée pour défendre notre thèse des armoiries de Lille, que sur les théories... désirs, exprimés devant nous par le peintre de la Toison d'...

Nous possédions, naturellement des exemplaires relatifs à la cavalcade publiés à ce moment et dont parle notre contradicteur. Les consultant à cette demande, quelle ne fut pas notre surprise de voir, dans le « cortège cavalcade » édité par « L'Echo du Nord » d'après un résumé dessiné par J. Van Driesten, de trouver à *l'époque de l'organisation féodale*, la *fleur d'iris* précédant la *fleur de lys* ! !

D'où Van Driesten possédait-il la preuve de cette priorité et de la modification postérieure, que MM. Dehaisnes et Rigaux n'ont pas contesté; nous ne pouvons le dire n'étant pas mêlée à la vie de Van Driesten en 1892 ! Nous constatons, voilà tout, et sommes disposée à soumettre ce document s'il y a lieu.

Nous croyons avoir donné des motifs valables au souhait que nous formulions dans l'article précédent ! Qu'on nous pardonne cette longue étude, pourtant nécessaire, croyons-nous, à la clarté du sujet.

Mais si la Parole : Nul n'est prophète en son pays devait nous être appliquée, ainsi qu'à Van Driesten, nous ne voulons pas être plus... royaliste que le roi, et si bonne Lilloise soyons-nous, nous dirons

Aux Lillois de décider maintenant eux-mêmes de la *beauté originale* de leur drapeau.

Vve VAN PARYS DRIESTEN.

Les Marionnettes Lilloises et quelques autres

Et nous voici à Lille, dans la bonne ville que les soldats de Louis XIV, les marchands étrangers qui s'y approvisionnaient de savetteries et de bourgetteries, les très rares compagnons du tour de France qui y passaient et les ribauds et francs-gueux qui voyageaient en demandant l'aumône, détrousseurs et coupeurs de bourses, à l'occasion, appelaient Lille-en-Flandre.

A quelle époque, même approximative, s'installa et s'ouvrit le premier théâtre de marionnettes dans notre ville ? Je ne pense pas qu'il soit possible de fixer une date quelconque, appuyée sur une certitude ; j'ai vainement cherché un peu partout, interrogé ceux qui connurent ces plaisirs de notre enfance, et seule, une fouille méthodique et longue dans la poussière de nos archives pourrait, peut-être, en assemblant et en recoupant des menus faits de la vie sociale de nos anciens qui pourraient s'y trouver, nous apporter les éclaircissements nécessaires.

Alors que Lyon peut donner assez exactement la date de l'apparition de son Guignol et de son Gnafron, alors qu'Amiens peut fixer d'une manière assez précise le jour où son Lafleur commença à battre l'estrade et à faire les délices des gamins, Lille ne peut en dire autant et la date où fut créé le « Jacques Lillois » reste dans le plus profond mystère.

Les érudits locaux qui se sont attachés à l'histoire de Lille sont absolument muets à ce sujet et s'ils s'étendent avec une certaine verbosité sur les guerres, les nombreux sièges que subit notre ville, les révoltes des manants, les fondations charitables, les constructions d'églises, d'hôpitaux et de monuments, les industries, les incendies et autres faits ou calamités publiques, les petits côtés de l'histoire dont la connaissance est nécessaire pour expliquer certaines choses ou recréer l'ambiance de ces choses, sont à peu près négligés. Quelques écrivains du xixᵉ siècle, bien rares, ont consacré quelques lignes ou quelques mots aux marionnettes, mais ce fut à titre anecdotique, sans aucune précision de temps ni de lieu. De même pour nos chansonniers patoisants, parmi lesquels on eut pu espérer une documentation assez sérieuse et assez précise, noyée dans ce langage du terroir que l'on croit trop souvent être une sorte d'argot populacier et qui était surtout et avant tout la langue primitive de nos ancêtres, langue dérivée de celle des Gaulois, dans laquelle vinrent s'enchâsser avec les invasions et les longues occupations, des parcelles de langues latine et germaine, cette dernière laissant moins de traces chez nous que dans les provinces de l'Est ; et l'on peut avancer que si notre patois n'est pas l'ancienne langue d'oïl ayant conservé une certaine pureté, il en descend directement au même titre que le wallon et le picard. A l'heure où la langue d'oc semble reprendre un regain de célébrité avec les fêtes du centenaire de Mistral, il est peut-être bon de rappeler que notre vieux « languaige » du Nord, d'où est sorti en grande partie la langue française actuelle, a tout autant de droit d'être à l'honneur que le patois du Midi.

On peut assez bien s'expliquer le manque de documentation historique à propos de nos marionnettes, si l'on veut se reporter par la pensée à l'époque où furent écrites ces histoires de Lille et où furent publiées les œuvres de ces écrivains, et l'on s'aperçoit que ces historiens et ces littérateurs étaient, dans toute la force du terme, ce que l'on appelle très justement, des « bourgeois », vocable employé aujourd'hui avec un peu de mépris. Ils voyaient en bourgeois, l'histoire de leur ville en bourgeois et seul le monde bourgeois comptait pour ceux qui se servirent de leur plume pour nous laisser leurs recherches et leurs souvenirs, ce dont il faut aussi savoir les excuser, car Lille fut dans son existence ancienne, jusqu'au développement intense de l'industrie, une ville essentiellement bourgeoise.

Il s'y trouvait bien une certaine quantité d'artisans dont le rêve était de devenir eux-mêmes des bourgeois, et leur mentalité qui les ferait qualifier aujourd'hui de « petits bourgeois, » par nos auteurs qui se croient d'avant-garde, était la même que celle des négociants et des marchands de la ville. De très bons auteurs qui voulurent fixer la physionomie de notre Cité aux époques où ils y vivaient, tels que Chon, dans ses « Promenades lilloises » et Legougeux avec ses « Souvenirs lillois », quoique descendant quelquefois jusqu'au détail infime, n'ont tenu aucun compte des marionnettes et de leurs théâtres en caves qui existèrent cependant alors, en assez grande quantité, à peu près partout, mais principalement dans le quartier Saint-Sauveur, quartier populaire par excellence. Faut-il y voir un peu de dédain de la part de ces bourgeois ? C'est probablement la raison principale qui les empêcha d'en parler, car les marionnettes furent surtout et avant tout un amusement du peuple et apprécié par lui. On comprend très bien alors que des bourgeois de Lille qui eurent le don de posséder une plume souvent alerte, se tinrent en dehors de cette distraction populaire et que s'ils l'ont connue, ce fut par oui-dire.

Il y a lieu cependant de noter que l'œuvre littéraire laissée par Alphonse Capon, cet artiste qui fut si probe dans sa belle carrière de professeur de chant et de déclamation de notre Conservatoire et qui vient de mourir, comporte un roman de mœurs populaires lilloises « Marie-Claire », dans lequel il accorde une petite place à nos marionnettes, mais toujours sans aucune précision sur leur origine et leurs débuts.

*
* *

Si je m'en réfère à mes souvenirs personnels, mon père né à Wazemmes, en 1837, alors que Wazemmes (que les vieux plans militaires orthographient quelquefois Wazennes), était une commune indépendante de Lille, m'entretenait quelquefois, quand le gamin que j'étais lui racontait la représentation à laquelle j'avais assisté la veille avec le sou de mon dimanche, d'un théâtre de marionnettes qu'il fréquentait lui-même pour un ou deux « doupes », suivant les jours, dans sa jeunesse, et qui se trouvait dans une cave de la rue de Flandre, près de l'ancienne église de Wazemmes, non loin d'une boutique où l'on vendait des « tartes à quat'sous », tartes au « lait boulli » que les « rentiers à tartines » s'offraient pour dessert les dimanches et jours de fêtes. Cette église existe toujours quoique désaffectée depuis longtemps : c'est la « bâtisse » lourde et trapue qui voudrait avoir l'air d'un temple simili-grec et qui sert actuellement d'école maternelle, entre les rues de Flandre et Manuel avec une façade qui cache ses lèpres sous un grossier badigeon, en bordure de la rue du Marché.

J'ai également le souvenir précis qu'il me narrait les farces un peu grosses et amusantes pour la jeunesse de cette époque, du « cousin Jacques », et qu'il avait vu jouer « Geneviève de Brabant » (avec l'accent lillois, on doit prononcer Genevièvre), ou « Joseph vendu par ses frères », « le Sacrifice d'Abraham » « l'Echelle de Jacob » pièces bibliques, toujours accompagnées de drames de cape et d'épée, dans lesquels il y avait beaucoup de duels, auxquels Jacques assistait, en s'écriant chaque fois que son maître abattait un traître : « Reçois ce coup d'blanc-fier dans tin ventre d'bos ! ». Car Jacques était en ce temps, un valet de grand Seigneur. « Ch'étot l'bon temps et on étot fin bénache d'les vir' batiller » disait-il, en me racontant ces histoires de jeunesse que j'écoutais bouche bée ! Mais il en résulte pour moi que Jacques était déjà citoyen lillois vers 1845.

*
* *

Il est bien regrettable que ces petits côtés de notre histoire locale et intime n'aient pas rencontré et éveillé la curiosité d'un chroniqueur de cette époque, car il nous eut laissé ainsi des données certaines sur les habitudes et la mentalité des générations du xixᵉ siècle qui aimaient les spectacles autant que les jeux que nous a si bien décrits, ici même, il y a peu de temps notre sympathique ami Gaston Hefreng, malheureusement (ou heureusement pour lui) trop jeune pour avoir connu les théâtres Lille, voyait assez souvent passer dans ses

Consultez M. Planche, Secrétaire général de la … qui a bien voulu en faire un relevé, je puis vous donner une liste assez intéressante des montreurs de phénomènes ou d'acrobatie ou impresarii de marionnettes qui passèrent dans notre ville pendant la seconde moitié du XVIIIe siècle et qui avant de se produire en public étaient obligés de solliciter du Magistrat une autorisation qui ne leur était pas toujours accordée, ainsi qu'on le verra en la consultant :

1768, 16 Novembre. — Autorisation à François-Pierre Guillot, bourgeois de Paris, de faire voir différents animaux.

1770, 9 Juin. — Autorisation à Jean-Baptiste Bersegot, de montrer des animaux étrangers.

1770, 25 Août. — Autorisation à Guilondi Parée, de faire voir trois figures mathématiciennes et de faire des expériences physiques.

1771, 17 Juillet. — Autorisation donnée à Eustache Duval, escamoteur, démonstrateur d'expériences physiques, de tours de mathématiques et d'algèbre.

1771, 31 Juillet. — Refus donné à Famolle Lions, de Prague, de représenter quelques beaux tours de force et de souplesse.

1771, 16 Novembre. — Refus donné à Jacob Carmetti de faire voir des animaux vivants très curieux.

1771, 11 Décembre. — Autorisation à Pontus Laven, célèbre mathématicien allemand, de faire voir environ **cent figures artificielles.**

1771, 24 Décembre. — Autorisation au sieur Bertrand de montrer une optique et quelques **pièces de marionnettes.**

1772, 5 Février. — Autorisation à Pierre-Hugues Henry, dit Macarta, maître menuisier et machiniste d'Amiens, de représenter **le Jugement universel.**

1772, 8 Février. — Autorisation à Louis-Michel Quercy et Augustin Meurice, venant de Calais, de montrer un léopard marin vivant.

1773, 17 Mars. — Autorisation à Charles Duclos, bourgeois de Saint-Omer, de montrer le « Monta Sousa », animal très rare.

1773, 21 Avril. — Autorisation à Jacques Gon, natif de Beaugeney, de faire voir une pièce d'optique et **des marionnettes.**

1773, 18 Décembre. — Autorisation à François Blaisie, machiniste, natif de Naples, de faire voir un **Bethléem composé de plusieurs figures en cire.**

1774, 31 Décembre. — Autorisation à Jean Sehroten, natif d'Amsterdam, de montrer plusieurs espèces d'oiseaux, singes et autres animaux.

1775, 7 Janvier. — Autorisation à Laurent Spinacouta, natif de Naples, de faire voir une ménagerie.

1776, 24 Février. — Autorisation à Jérôme Mariani et Antoine Ouiesca, de représenter choses surprenantes par une incomparable hongroise.

1776, 2 Mars. — Autorisation à Thomas Magnieux, natif de Trente, d'exhiber la jeune Sansomne qui fait 250 tours différents.

1776, 8 Juin. — Autorisation de s'exhiber donnée à Jean-Baptiste Bernard, natif de Dijon, équilibriste.

1776, 27 Juillet. — Autorisation au nommé Charpentier, natif de Paris, de faire voir une troupe de sauteurs, danseurs, voltigeurs de cordes.

1776, 3 Août. — Autorisation à Joseph Badonani, natif de Rotterdam, de montrer une quantité d'animaux très curieux.

1776, 2 Novembre. — Autorisation aux sieurs Brun et Gehmi, équilibristes, de faire voir **des ombres chinoises.**

1776, 20 Novembre. — Autorisation à Claude-François Cabanel, de donner des exercices de danse sur la corde.

1776, 30 Novembre. — Autorisation au sieur Robbe, piémontais, de faire des représentations avec une troupe d'enfants espagnols.

1776, 30 Novembre. — Autorisation au sieur Nicolet, de faire voir plusieurs animaux rares et curieux.

1776, 16 Décembre. — Autorisation au sieur Vanguikel, de montrer une optique et **des marionnettes.**

1777, 5 Mars. — Autorisation à Jacques Lecas, natif de Laon, de faire voir une perspective peu commune.

1777, 19 Juillet. — Autorisation au sieur Davis, machiniste de Londres, de montrer le **microcosme ou le monde en miniature.**

1777, 2 Novembre. — Autorisation à Étienne Suche, natif de Angers, de faire voir une mécanique représentant le … Babylone.

… — Autorisation à Charles Landini, italien, … différents talents.

… montreur **d'ombres chinoises.**

1778, … Janvier. — Autorisation à Antoine … d'exhiber une troupe de chiens et de singes.

1778, 3 Juin. — Autorisation à Jean-Hartman Richard, natif de Friedberg, près Francfort, de faire voir un daim apprivoisé.

1778, 3 Juin. — Autorisation au sieur Cannus, de montrer des pièces physiques et mécaniques.

1778, 3 Juin. — Autorisation au nommé Bertrand, natif des environs de Paris, de faire voir son chef-d'œuvre représentant **les principaux Seigneurs de France.**

1778, 5 Août. — Autorisation à Alexandre Benoist, natif de Paris, de faire voir une ménagerie royale.

1778, 5 Septembre. — Autorisation à Pascal Caborty, de montrer sa troupe de danseurs et sauteurs.

1779, 5 Mai. — Autorisation à la veuve Scorches, native de « Courlendes », de montrer des tours de physique.

1779, 8 Mai. — Autorisation au sieur Casimir, de montrer sa troupe en spectacle.

1779, 27 Novembre. — Autorisation à Gabriel Richard, natif de Paris, de montrer **des marionnettes.**

1780, 26 Février. — Autorisation aux sieurs Bonnecase et Everard, mécaniciens, de montrer un cabinet très curieux composé de pièces mathématiques, mécaniques et physiques.

1780, 3 Juillet. — Autorisation au sieur Jonomy, opticien machiniste, de faire l'expérience de physique sur la lumière et les couleurs.

1780, 29 Juillet. — Autorisation à Louis Porte, sauteur, de faire des sauts de souplesse et des équilibres sur le fil de fer.

1780, 30 Août. — Autorisation à Claude Guillaume Leroux, natif de Versailles, de faire voir **des marionnettes.**

1781, 12 Janvier. — Autorisation à Jean Martin, de montrer en public une troupe de sauteurs.

1782, 3 Avril. — Autorisation à Mathieu-François Périn, pelletier, de faire voir différentes représentations physiques.

1792, 4 Avril. — Autorisation à Pierre Degrange, de montrer un petit animal à quatre cornes.

*
* *

Cette seconde moitié du XVIIIe siècle est une période extrêmement intéressante au point de vue de l'histoire de France, car elle a été profondément marquée par les philosophes que l'on a appelés les « Encyclopédistes » dont le chef fut Diderot, qui avait comme collaborateurs principaux d'Alembert, Helvétius, l'Abbé de Prades, esprits profondément imbus des doctrines de Jean-Jacques Rousseau, remueurs d'idées dont la nouveauté, voilée sous des apparences orthodoxes, modérées et conservatrices, attaquait les principes de l'autorité civile et de la religion, signalant les abus, émettant des théories nouvelles d'organisation et d'économie sociales qui eurent comme conséquence de préparer, d'activer et d'entretenir le bouillonnement des esprits qui amènera le bouleversement des choses établies depuis des siècles, que fut la Révolution.

La diffusion de ces idées qui devaient modifier la face et le fond de notre pays, idées qui donnèrent tant de force au Tiers État jusqu'alors regardé par la Noblesse et le Clergé comme négligeable, ne pouvait se faire que par un seul et unique moyen, par le colportage des écrits, des imprimés et de la parole. Et il est très probable que les présentations de marionnettes et de ce qui peut s'y rattacher, ombres chinoises, figures mathématiciennes, que j'ai soulignées dans la liste ci-dessus, eurent pour but, pendant cette période de plus en plus agitée, non seulement l'amusement du peuple, mais aussi cette diffusion faite par allusions et mots couverts intercalés dans les spectacles présentés par les petits pantins de bois, dont malheureusement notre histoire locale ne nous a pas conservé ni les noms, ni le répertoire.

L'HOMME DE LA RUE.

A l'Opéra de Lille

Le Carnaval des Enfants, Saint-Georges de Bouhélier n'entend pas suivre à la lettre la tradition romantique. Il a lu son « Art Poétique » et n'a pas oublié que Boileau a formulé la Règle des trois unités :

« Qu'en un jour, en un lieu, un seul fait accompli
Tienne jusqu'à la fin le spectacle rempli. »

La mise en scène n'est pas compliquée : un intérieur de « Pauvre Honteux », dont deux pièces séparées par un long vitrail, sont successivement au premier plan : la salle à manger et la chambre à coucher.

C'est jour de carnaval. Un bal-musette nous envoie ses échos. Céline, malade — c'est Mary Marquet, sociétaire de la Comédie Française — a eu deux enfants : l'une, Hélène — May Baunat — est la fille du mari ; l'autre, la petite Lie — Paulette Merle — est née après le départ du papa d'Hélène.

Celle-ci aime un maître d'études, Marcel — Jean Neubert. — Il vient au secours du ménage dénué de ressources. L'oncle Anthime — Léon Bernard de la Comédie Française — seul homme de la maison est trop âgé pour gagner sa vie. Les dettes s'accumulent chez le boucher, le boulanger... Aussi, le veillard appelle au secours les sœurs de Céline.

Elles arrivent de la province après trois heures de chemin de fer. Méchantes, elles accablent de reproches la maman et ses deux filles devant Marcel lui-même. Il fuit. La malade qui cependant a reçu visites et réconfort du voisin Masurel — M. Charles Berteaux de la Comédie Française — meurt d'émotion.

Hélène ne veut pas vivre sous le joug de ses affreuses tantes. Elle part pour toujours avec l'aspirant professeur. Et le rideau tombe sur les paroles d'Anthime « Un petit peu de bonté » ferait tant de bien !

Les trois actes ont été très bien joués. Mais, que c'est triste !

Heureusement, le mardi vingt-cinq novembre, le grand comique Marcel Levesque vint nous enlever nos idées noires, dans Langrevin et Cie de Tristan Bernard.

Le Juif Polonais. — C'est beau, fort beau. Nous ne sommes pas en face de la musique moderne d'Aphrodite. C'est de l'Erlanger première manière que nous entendons. Massenet, Leroux, Bruneau ont déteint fort heureusement sur notre musicien français. L'œuvre est compréhensible pour tout le monde. Elle a été accueillie avec enthousiasme. Bravo, Paul Frady, voilà de bonne besogne. Cantres, chanteurs, chœurs, orchestre, tout a été excellent.

A l'Hippodrome Lillois

Comme prévu, Jack Hylton et ses boys ont eu le samedi 22 Novembre un succès éblouissant. Déjà nous avions entendu sur la même scène le jazz à 2 pianos de Wiener et Doucet. Avec Jack Hylton, c'est plus coloré forcément car tous les timbres de l'orchestre sont en évidence, et cela captive les plus difficiles.

M. Jules Anicot, d'autre part, nous a fait entendre le célèbre chœur polonais « Haslo » qui reçut à Lille un accueil triomphal.

Le 5 Décembre en soirée et le 7 en matinée, Grégor et ses Grégoriens, de l'Empire et de l'Olympia, viendront faire apprécier leur jazz qui rentre d'Amérique après d'éclatants succès.

A la Société Industrielle

C'est vendredi prochain cinq décembre, en soirée, qu'arrivant de Paris, — où elle aura donné six auditions, à la Sorbonne, Salle Gaveau, avec les Concerts Lamoureux — la Chorale des Institutrices Tchécoslovaques de Prague (45 cantatrices) se fera entendre sous la direction de Metod Vymetal dans un répertoire de Musique tchèque et française. Ce célèbre groupement sera reçu à l'Hôtel de Ville le même jour à 17 heures, par M. le Député-Maire Roger Salengro, entouré de son Conseil Municipal.

Le vendredi douze décembre, à 20 heures et demie, Marcel Ciampi, le brillant pianiste si fêté déjà aux Grandes Soirées d'Art, fondation Raymond Durot, y reviendra jouer les vingt-quatre préludes de Chopin, la Sonate n° 6 de Liszt et des pièces de Schumann.

A la Société des Grands Concerts de Lille

M. Julien Dupuis, dont on se rappelle le succès parallèlement à celui de l'orchestre Isaïe, dirigera le dimanche 14 Décembre, à Lille, la chorale qui porte son nom, celle des Etablissement Agache, un chœur d'enfants et des solistes du chant réunis à l'orchestre et à l'orgue pour l'exécution de l'Oratorio « Le Messie » d'Haendel.

Il me semble que, depuis la victoire, hélas si doulourou-... oblitue, ces fièvres et ces fiertés nationales, sont ranimées par la vision du nombre de victimes tombées et martyrisées pendant et après la guerre.

Mais ce saut prestigieux au dessus de l'Atlantique par ces hommes si calmes, si modestes, dans leur triomphe, semble offrir une occasion de revivre les enthousiasmes ... sans restriction aucune.

Ce sentiment, dû sans doute être partagé par bon nombre de personnes car il m'a semblé que la réception fut, en tous ... chaleureuse et enthousiaste.

Peut-être pourrait-on dire que ceux-là qui ont été, au péril de leur vie, les grands missionnaires du renom Fran-... de sa technique industrielle, de sa vigueur morale, de ... valeur humaine, auraient dû, dans le plus industriel, le ... commerçant, le plus peuplé des départements après la ... être reçus dans la salle des fêtes de la Préfecture.

On m'a dit, est-ce exact, que l'élection Sénatoriale acca-... par une installation nécessitée pour la confection ... nouveau Sénateur, la salle magnifique et mystérieuse ... ne sert qu'à cet usage électoral important sans doute, ... qui ne représente tout de même pas toute la vie et ... les nécessités d'un département tel que le nôtre.

Il y avait bien aussi un autre cadre magnifique, c'était le hall de la Chambre de Commerce. Mais celui-là est réservé ... aux seules réunions commerciales et exception-... on y a vu une réalisation splendide celle de la réception du Président de la République.

— En attendant (combien de temps ?) que notre Hôtel de Ville soit achevé et que la partie somptuaire nous donne une salle de réception, la grande Ville de Lille a donc reçu les aviateurs en voiture, — heureusement automobile ! — et aux Ambassadeurs — titre pompeux qui cache une installa-tion d'un provisoire — définitif suivant la formule.

Félicitons-nous de cette chance !

Mais savez-vous, mon cher Président et ami, ce que je pense et où je veux en venir ? A ceci. C'est de vous dire que vous avez certainement, sans vous en douter, concrétisé par une seule phrase de votre harangue au banquet, toutes ces réflexions. Quand, succédant à notre ami à tous, Fran-... vous aviez hier le mot pittoresque ... transition ... franchissime avant de franchir l'Atlantique de l'éloquence, je me suis dit qu'effectivement pour le Français, il y a bien des Atlantiques à franchir, actes d'héroïsmes exacerbés sont bien dans sa nature.

Mais sonnait encore à mes oreilles, ce qu'avait dit ... à la Chambre de Commerce. Je découpe dans l'Echo du Nord le résumé qu'en fait le reporter :

« Costes en répondant aux paroles aimables de M. ... déclare qu'il fut émerveillé en Amérique par l'organi-sation du réseau aérien : aéroports créés par les villes et les Chambres de Commerce, terrains éclairés, lignes ... formant un total de 60.000 kilomètres, tout cela obtenu sans subventions de l'Etat, par les initiatives locales. Ces résultats obtenus aux Etats-Unis en moins de trois ans sont un exem-ple dont on pourrait utilement s'inspirer chez nous.

Je me disais que la Foire Commerciale organisant des services postaux et des baptêmes de l'air, donnant ainsi son coup de gong pour appeler l'attention sur cette question avait agi dans la mesure de ses possibilités, comme l'Américain.

Je me disais que c'est franchir, hélas dans le sens déri-soire, l'Atlantique de l'inconscience de ne pas doter, suivant ce que vous disiez, la soi-disant cinquième Ville de France qui peut être placée à coup sûr avant plusieurs villes qui la précède puisque son arrondissement a 800.000 habitants, d'un aérodrome digne d'elle, suivant le mot employé plu-sieurs fois par Costes.

Vous ajoutiez que le département du Nord, a 2.000.000 d'habitants, qu'il paie à lui seul plus d'impôts que 59 dépar-tements Français, c'est-à-dire le cinquième du total général et riant pour ne pas pleurer vous disiez à ceux qui viennent de voir l'œuvre américaine « vous garderez le souvenir cer-tainement impérissable de cette immense agglomération Lil-loise, n'étant qu'une bourgade, malgré ses usines plus nom-breuses que toutes les maisons totalisées de beaucoup de départements du Midi, plus commerçant, plus riche qu'au-cun autre centre de France, sauf Paris et sa région ; n'avant pas encore obtenu quelques centaines de mille francs néces-saires à la mise en état du terrain d'aviation. »

Tout le monde s'en occupe, tout le monde s'en préoccupe, tout le monde en parle mais c'est comme pour l'Atlantique, qui franchira l'obstacle ?

Quel aviateur, préfectoral, municipal, commercial, indus-triel ou gouvernemental franchira l'obstacle, l'Atlantique de l'imprévoyance, de l'indifférence vis-à-vis de nous ?

X..., aviateur

Casques d'Acier... et Chapeaux mous

*Nous recevons avec humilité et tristesse, le mot ci-dessus.
Il est un peu dur. Est-il mérité ? J'en appelle à ceux qui
défilèrent (nous en étions) et qui furent peinés et scandalisés
de constater l'inconscience de bien des spectateurs, regardant
curieusement, près du monument aux Morts, chapeau sur
la tête et cigarettes en bouche, le défilé recueilli de « ceux »
du cortège.*

❋

Journaliste, j'ai vu la manifestation des Casques d'Acier.
Tous les journaux ont fait ressortir la force, la discipline,
l'enthousiasme et l'ordre de cette parade aussi inquiétante
qu'importante. Je la note sans insister.

Le hasard du métier m'a donné l'occasion de me trouver
à Lille le Samedi 18 Octobre. J'ai vu le cortège qui, répondant à l'appel de M. le Député-Maire de Lille, célébrait la
délivrance de votre Cité.

Ayant lu l'appel, je m'étais dit que ce cortège serait sans
aucun doute impressionnant. Je dois déclarer que j'éprouvai
une déception. Il me parut maigre et il me sembla que les
représentants des familles ayant perdu les leurs, les orphelins, les veuves, etc., auraient pu figurer là, détachés en
groupes symboliques émotionnants.

Mais enfin, c'était le samedi, jour et heures de travail
pour ceux qui ne pratiquent pas la semaine anglaise.

On me disait aussi que c'était une innovation et que les
manifestations des dimanches précédents avaient déjà
dérangé les anciens combattants et anciens militaires.

Passons donc...

Mais je ne puis résister au désir de vous écrire pour un
fait pénible que j'ai constaté malheureusement.

Alors que les personnages du cortège défilaient gravement
chapeaux enlevés, sur la Grande-Place et rue de Rihour, je
constatai que dans la foule (nombreuse d'ailleurs et dans
laquelle peut-être pas mal de gens auraient pu être du défilé)
un grand nombre de personnes restaient imperturbablement
coiffés devant le défilé non seulement des autorités et des
sociétés mais aussi au passage des drapeaux.

Le journalisme mène assez facilement à un certain scepticisme.

Mais, tout de même, il me paraissait qu'il y avait là ou
une inconscience, ou un manque de sentiment affligeant.

Quand on évoque, en une cérémonie, le martyre des gens
écrasés, asphyxiés, brûlés dans les rues et dans les caves,
aux jours des sièges, les morts des guerres anciennes et de
celle, particulièrement horrible, et toute récente qui nous
endeuille tous, les plus indifférents devraient s'attendrir ?

Et quand une métropole guerrière comme le fut Lille,
célèbre en même temps son passé resplendissant de gloire et
de sacrifice, les plus sceptiques ou les plus ignorants doivent
cependant entrevoir et comprendre qu'une grande idée plane
sur de telles heures ?

Aussi, M. le Président, causant avec un de mes confrères
qui m'avait signalé votre présence et votre rôle, j'ai dit que
je cinglerai de ce titre « Casques d'acier et chapeaux mous »
les spectateurs assez inconsciemment grossiers qui me choquèrent.

Voyez si cette lettre peut vous être utile. Je vous l'adresse
avec quelques jours de retard en soulignant que mon collègue du Nord l'apostille bien volontiers ayant, lui aussi, ressenti le même pénible froissement. Et cependant soyez-en
certain, lui et moi pas plus que votre Municipalité ne
mes des patriotards belliqueux et agressifs !

Le Calendrier des Fêtes d'Hiver

SAMEDI 6 DÉCEMBRE 1930

Bal de l'X (Polytechniciens de la Région du Nord), Salle des Ambassadeurs.

Bal des Jeunesses Patriotes, Salons de l'Hôtel de l'Europe.

SAMEDI 13 DÉCEMBRE 1930

Bal du Groupement des Officiers de Réserve de Lille, Cercle des Officiers, rue Macquart.

Bal de la Mutualité Hôtelière, Salle des Ambassadeurs.

SAMEDI 20 DÉCEMBRE 1930

Bal des Ingénieurs des Arts et Métiers, Salle des Ambassadeurs.

Bal des Anciens Élèves du Lycée Faidherbe, Salons du Carlton.

DIMANCHE 28 DÉCEMBRE 1930

Bal du Choral « Les XXX », Palais de la Bière.

SAMEDI 3 JANVIER 1931

Bal des Amis des Aveugles Civils et des Aveugles de Guerre.

Bal de l'Amicale Franklin, Salons du Carlton.

SAMEDI 10 JANVIER 1931

Bal de l'Association Amicale des Anciens Élèves de l'École Centrale des Arts et Manufactures, Salle des Ambassadeurs.

Bal de Bienfaisance organisé par l'*Alliance Franco-Polonaise du Nord,* Salons du Carlton.

SAMEDI 17 JANVIER 1931

Bal du Lille Hockey-Club, Salle des Ambassadeurs.

Bal du Groupement des Officiers de Réserve de Lille.

Bal du Groupement des Commerçants du Quartier de la Gare, Salons du Carlton.

SAMEDI 24 JANVIER 1931

Réunion Amicale des Officiers d'Administration de Réserve du Service de Santé de la Première Région. (Banquet suivi de Bal), Salons du Carlton.

Bal de la Dactylo, Salle des Ambassadeurs.

SAMEDI 31 JANVIER 1931

Fête de l'Association Philanthropique du Nord.

SAMEDI 7 FÉVRIER 1931

Bal du Rotary Club, Salons du Carlton.

DIMANCHE 8 FÉVRIER 1931

Bal de l'Amicale Rollin, Salons de l'Hôtel Maréchal.

SAMEDI 14 FÉVRIER 1931

Bal Travesti des Anciens Gradés, Salons de l'Hôtel Maréchal.

SAMEDI 21 FÉVRIER 1931

Bal du Groupement des Officiers de Réserve de Lille.

SAMEDI 7 MARS 1931

Bal travesti de l'Amicale Rollin, Salons de l'Hôtel Maréchal.

SAMEDI 21 MARS 1931

Bal du Groupement des Officiers de Réserve de Lille.

DIMANCHE 26 AVRIL 1931

Bal des Groupements Médicaux du Département du Nord, Salons de l'Hôtel Maréchal.

Les Picards de l'Aisne à Paris

Nous sommes heureux d'insérer l'excellente lettre ci-dessous.

C'est un document témoin précieux à recevoir. Il constitue une récompense, un encouragement, une invite pressante à suivre l'effort commencé. La voirie, les tramways, leur couleur...

C'est là le leit-motif de toutes les critiques sur Lille

Et les trottoirs ! ! !

Quand donc, d'un même élan volontaire, avec la Municipalité comme entraîneur, les comités de quartier, de rues, les associations de commerçants, les particuliers de bonne volonté se mettront-ils à réformer le chancre Lillois, le trottoir ?

Recevoir, avec le pavé de l'ours, le visiteur, équivaut à débarrasser l'ami d'une mouche avec le dit pavé... voir La Fontaine, Messieurs les Lillois !

La contrainte par cors éloigne le client ne l'amène pas. Songez-y, Commerçants !

Monsieur le Président,

La sincère admirateur de Lille que je suis vous remercie vivement du service que vous voulez bien lui faire du très intéressant Bulletin des « Amis de Lille ».

Cet organe qui sait parfaitement concilier le respect des choses du Passé avec le modernisme le plus grandiose et le plus intelligent est pour nous — Picards de Paris — un précieux trait-d'union avec notre Capitale ethnique et intellectuelle.

Un récent voyage fait à Lille, en compagnie de professeurs anglais, m'a convaincu de la prééminence du rôle joué par le Nord dans l'économie nationale.

Après avoir montré à nos amis anglais des villes, peut-être riches en monuments du passé, mais pratiquant un urbanisme indigent et souvent sacrilège, j'étais fier et enfin réconforté de leur présenter une métropole vivante, à l'aspect monumental.

L'effet produit fut excellent :

— Very big town — magnificent town ! « Lille me rappelle beaucoup Birmingham ». me confiait une artiste-peintre de Worcester. Seuls, la voirie et les tramways urbains furent critiqués.

La voirie parce qu'indigne d'une ville comme Lille et les tramways parce qu'un peu fatigués et d'une vilaine couleur. Les arrêts mal indiqués ! !

Pourquoi diable a-t-on peint les cars Mongy en vert ? Ils avaient autrement d'allure avant guerre.

Je crois que la plupart des grandes villes ont tort de vouloir s'inspirer de Paris dont l'urbanisme actuel n'a rien d'éblouissant et retarde sur beaucoup de Capitales étrangères.

Lille peut faire mieux et servir de *modèle* aux autres villes de France.

Cela dit et en m'excusant d'élever ces petites critiques, je me permets de faire appel à votre obligeance pour m'aider à compléter l'illustration photographique d'une conférence que mon ami, Ernest Laut, le brillant journaliste parisien doit nous faire à la Sorbonne, le 23 Novembre prochain sur « les coutumes et traditions du Nord de la France ».

Je possède une centaine de clichés de monuments, rues, paysages de villes du Nord, mais je suis parfaitement pauvre en clichés de scènes familières et pittoresques.

Lors de mon dernier voyage à Lille, je me proposai photographier des friteries ambulantes, un four...

... le parfait de cliché pittoresque, la « Maison ... dont les gaufres et beignets sont inimitables.
...ez-vous me communiquer des négatifs représentant ... les plus caractéristiques de la vie du Nord ? Je les ...[ét]ablir en positifs sur verre et vous retournerais les ...[clich]és, en vous remboursant les frais d'envoi.
Veuillez m'excuser de vous mettre ainsi à contribution et ..., Monsieur le Président, l'expression de mes senti[ments] les plus dévoués.   André LEROY,
Secrétaire général,
82, rue de Dunkerque, Paris (9e).
...[P.-S.] — Je travaille actuellement à détacher les Essis de ...[Ver]vins et Soissons de la Fédération Champenoise pour ...[la] rattacher à la Fédération du Nord. Pouvez-vous me ...[don]ner votre soutien amical ?

INITIATIVES

Les journaux publient :

L'AUTOMOBILE CLUB DU NORD DE LA FRANCE
PREND A SA CHARGE L'INSTALLATION
D'UN ECLAIRAGE INTENSIF AUX POINTS
LES PLUS DANGEREUX DES BOULEVARDS
LILLE-ROUBAIX-TOURCOING

D'innombrables accidents sont dus, presque journelle-ment, à l'insuffisance de l'éclairage de certains points du Grand-Boulevard. Préoccupé de remédier à une telle situa-tion, le comité de l'A. C. N. F. vient de prendre une décision qui sera accueillie avec joie par les innombrables usagers du boulevard. Notre puissant groupement régional va doter les principaux carrefours des deux branches du Boulevard, entre le Croisé-Laroche de Roubaix et Tourcoing, d'un système d'éclairage intensif dont il supportera tous les frais d'installation et de pose des appareils.

Toutes les communes limitrophes, auxquelles il n'est [d']ailleurs demandé que de supporter les dépenses résultant de l'éclairage, une fois les installations terminées, ont accepté avec joie ce riche cadeau, sauf la ville de Croix, qui estime sans doute somptuaire une dépense aussi utile !

On ne saurait trop féliciter le président Hector Fran-chomme et son actif comité de cet acte de haute générosité et de sécurité vis-à-vis des usagers de la plus fréquentée des [art]ères de la région.

Nous sommes fort heureux de joindre nos félicitations à celles de nos confrères. Voilà la vérité ! Chercher à aider plutôt que s'évertuer à critiquer ou à se plaindre constitue la bonne résolution et l'excellente méthode.

Nous ne savons pour quelle raison M. le Maire de Croix n'a pas cru devoir ou pouvoir accepter ce que tous ses collè-gues ont accueilli avec satisfaction.

Il est à supposer qu'il a de bonnes raisons. Souhaitons qu'un accident tragique ne vienne pas, pour le malheur des victimes et dans ce cas pénible — le sien propre — lui donner un démenti lamentable.

Quoi qu'il en soit, un double ban pour le Président Franchomme et ses amis du Comité de Direction de l'Auto-mobile-Club du Nord de la France.

...[Nous saisissons c]ette occasion pour souligner que pour la récep-[tion de] Coste et Bellonte, la même largeur d'idées et la ... ont amené l'Automobile-Club à être à la ...

Le Banquet Pierre Mille

C'est une heureuse formule que celle des banquets-débats imaginés par le Club du Faubourg et que vient d'appliquer à Lille, avec bonheur, Jules Gallos, directeur de la Tribune Lilloise. La première tentative en a été couronnée de succès. Disons que la personnalité de Pierre Mille, qui présidait le banquet, y fut pour quelque chose.

On sait que l'illustre écrivain, auteur de plus de trente volumes et de centaines de contes délicieux : Barnavaux, Caillou et Lili, Nazr' Eddine et son épouse, Le Monarque, — est d'origine purement Lilloise. Lui-même est né à Choisy-le-Roi, mais ses parents étaient bien de chez nous, apparentés aux Wallaert, aux Beaussier, aux Decroix.

Le grand-père de Pierre Mille épousa la fille du fameux général Olivier, gouverneur de Lille sous le Premier Empire, qui avait eu une jambe emportée par un boulet et avait pris part, général déjà, à la bataille de Fleury.

Le banquet du 19 Novembre, excellemment servi par l'Hôtel Moderne, groupait une centaine de convives. Un menu artistique du meilleur goût présentait un bois gravé de Simons, qui s'était plu à portraiturer Barnavaux « assis sur un tas de cordes, sur le gaillard d'avant, un pied nu, l'autre chaussé d'une vieille espadrille, et sa veste de treillis ouverte sur la poitrine, montrant sa peau brune ».

A la table d'honneur, autour du Maître, avaient pris place MM. Emile Ferré, Directeur de « L'Echo du Nord », Louis Delepoulle, notre Président, Philippe Kah, Maurice Arnoux, Jean Lévy, avocats ; Jules Gallos et Madame ; Pierre Valdelièvre, Président des Rosati de Flandre ; Valentin Bresle, directeur du « Mercure de Flandre » ; André Favières, A. de Saint-Léger, Président de la Commission Historique ; Hubert, Professeur à la Faculté des Lettres. On remarquait en outre dans l'assistance MM. Georges Marguerit, J. L. Vallas, Albert Dequêne, Simons, René De Graeve, Léon Plouviet, Paul Carpentier, François Roger, S. Piot, P. Decroix, G. Lemoine, Couvreur, Jaumard, J.-J. Wallach, Maurice Degrave, etc...

De très nombreuses dames égayaient de leurs toilettes chatoyantes ce parterre de smokings.

Ce fut au désert que le « débat » s'ouvrit. Nord et Midi, tel en était le sujet choisi par Pierre Mille lui-même. « Quelles différences faites-vous entre l'esprit, la mentalité des gens du Nord, des gens du Midi, et des Parisiens même ? »

Pierre Mille sut avec bonheur et finesse dégager les traits essentiels qui caractérisent l'homme du Nord et le Méridional. Son anecdote sur les deux morales des Esquimaux, en réponse à l'intervention de L. Delepoulle — fut contée avec beaucoup d'esprit. Il serait difficile de la rapporter ici avec décence — ou plutôt nos charmantes lectrices nous reprocheraient trop notre liberté si nous la racontions : qu'elles la demandent donc à notre président Delepoulle, il la connaît maintenant et la contera avec cet humour un peu pince-sans-rire qui fait le charme de sa conversation.

Parmi les allocutions qui furent le plus goûtées au cours du débat, il convient de signaler celles de MM. Valdelièvre, qui, étant poète, ne put la faire qu'en vers ; Philippe Kah, Delepoulle, André Favières, qui sut avec franchise énoncer que la femme du Nord « sait s'ennuyer avec son mari » (A vous, Messieurs !), MM. Arnoux, Valentin Bresle, Georges Lesecq, Jean Carle, et surtout le professeur Hubert dont la parole distinguée, la langue impeccable, est une véritable joie de l'esprit.

Un incident se produisit. Un Flamand « cent pour cent », énervé sans doute par la chaleur et le bon vin, fit une intervention tumultueuse que Gallos ne put mater qu'avec de grandes difficultés et beaucoup de poigne. Mais cet incident ne fut en somme qu'un grain de poivre dans la sauce, et ne put empêcher que la soirée fut une des plus vivantes, et aussi des plus brillantes de la Tribune Lilloise.

Nous croyons savoir que Gallos prépare la réplique de ce coup d'essai qui, en somme, fut un coup de maître. Un autre illustre écrivain d'expression septentrionale viendrait au printemps pour présider un banquet-débat organisé en son honneur. Mais chut ! Pas d'indiscrétion ! Attendons.

BARNAVAUX

Bois gravé

de

Simons